¿Y SI...?

Una increíble forma de percibir la realidad

David J. Smith • Ilustraciones de Steve Adams

Hasta donde sabemos, los datos y las cifras de este libro son reales. Aunque nadie conoce con exactitud la edad de la Tierra, qué tan grande es el Universo ni cuánta es la población terrestre. Tampoco sabemos cuándo aparecieron por primera vez los animales ni cuántas especies existen. En cifras tan grandes, el margen de error es amplio. Pero los datos que proporciona este libro están basados en cálculos fiables.

Para los maestros y estudiantes que me ayudaron a entender y apreciar nuestro lugar en el Universo: Kathleen Raoul, Stan Sheldon, Mary Eliot, Ned Ryerson, Frederick S. Allis, Jack Schliemann, Bill Bellows, Anne McCormack, Jen Tobin, Jane Hardy y muchos más. Y para Val Wyatt, por su apoyo infinito y perseverante. Y siempre para Suzanne, mi brújula y mi Estrella del Norte.
D. J. S.

*

Para Kaliane, Nick, Samantha, Stella-Rose y Victoria. ¡Sus pequeñas manos de hoy harán grandes cosas mañana!
S. A.

loqueleo

¿Y SI...?
Título original: *If: A Mind-Bending New Way of Looking at Big Ideas and Numbers*

D.R. © de los textos: David J. Smith, 2014
D.R. © de las ilustraciones: Steve Adams, 2014
Publicado por acuerdo con Kids Can Press Ltd.,
Toronto, Ontario, Canadá
D.R. © de la traducción: Teresa Peralta Ferriz, 2015

D.R. © Editorial Santillana, S.A. de C.V., 2015
    Av. Río Mixcoac 274, piso 4
    Col. Acacias, México, D.F., 03240

Primera edición: octubre de 2015
Primera reimpresión: junio de 2016

ISBN: 978-607-01-2808-0

Impreso en México

Esta obra se terminó de imprimir en julio de 2016,
en los talleres de Editorial Impresora Apolo, S.A. de C.V.
Centeno 150-6, Col. Granjas Esmeralda,
C.P. 09810, México, D.F.

www.loqueleo.santillana.com

ÍNDICE

¿Y si...? 4

Nuestra galaxia 6

Los planetas 8

Historia de la Tierra 10

Vida en la Tierra 12

Sucesos de los últimos 3 000 años 14

Inventos en el tiempo 16

Inventos de los últimos 1 000 años 18

Los continentes 20

Agua 22

Seres vivos 24

Riqueza 26

Energía 28

Esperanza de vida 30

Población 32

Alimento 34

Tu vida 36

Una nota para padres y maestros 38

Referencias 40

¿Y SI...?

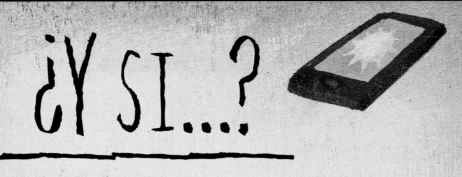

¿Qué tan grande es la Tierra o el Sistema Solar o la Vía Láctea?
¿Cuántos años tiene nuestro planeta y cuándo aparecieron los primeros
animales y los primeros seres humanos?
Algunas cosas son tan grandes o tan antiguas que es difícil comprenderlas e incluso
imaginarlas. Pero, ¿qué pasaría si esos grandes sucesos y enormes objetos los
comparáramos con aquello que podemos ver, sentir y tocar? Pues que veríamos nuestro
mundo de una nueva manera. De eso se trata este libro: de reducir las dimensiones de los
grandes espacios, eventos y transcurrir del tiempo a una proporción que podamos entender.
Si has tenido una muñeca o un avión de juguete, ya sabes que un modelo a escala es una
versión pequeña de algo grande, donde cada parte fue reducida proporcionalmente,
para que no terminaras con una muñeca con pies enormes o un avión con alas gigantes.
Cuando se reduce la escala de cosas enormes, como el Sistema Solar
o toda la historia de la humanidad, los resultados son tan
sorprendentes como los que estás a punto de conocer...

NUESTRA GALAXIA

Si la Vía Láctea se encogiera al tamaño de un plato...

★ nuestro Sistema Solar sería mucho más pequeño que esta partícula de polvo, demasiado minúscula para poder verla.

★ el Universo visible sería del tamaño de Bélgica aproximadamente.

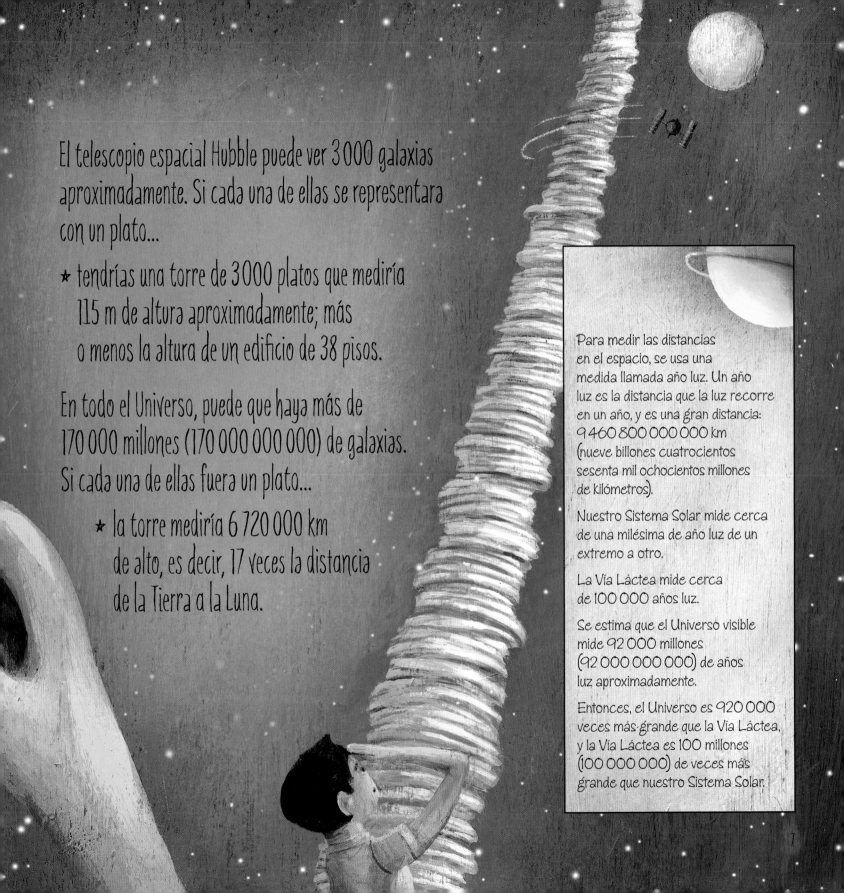

El telescopio espacial Hubble puede ver 3 000 galaxias aproximadamente. Si cada una de ellas se representara con un plato...

★ tendrías una torre de 3 000 platos que mediría 115 m de altura aproximadamente; más o menos la altura de un edificio de 38 pisos.

En todo el Universo, puede que haya más de 170 000 millones (170 000 000 000) de galaxias. Si cada una de ellas fuera un plato...

★ la torre mediría 6 720 000 km de alto, es decir, 17 veces la distancia de la Tierra a la Luna.

Para medir las distancias en el espacio, se usa una medida llamada año luz. Un año luz es la distancia que la luz recorre en un año, y es una gran distancia: 9 460 800 000 000 km (nueve billones cuatrocientos sesenta mil ochocientos millones de kilómetros).

Nuestro Sistema Solar mide cerca de una milésima de año luz de un extremo a otro.

La Vía Láctea mide cerca de 100 000 años luz.

Se estima que el Universo visible mide 92 000 millones (92 000 000 000) de años luz aproximadamente.

Entonces, el Universo es 920 000 veces más grande que la Vía Láctea, y la Vía Láctea es 100 millones (100 000 000) de veces más grande que nuestro Sistema Solar.

Los planetas

Si los planetas del Sistema Solar se encogieran hasta tener el tamaño de pelotas y la Tierra tuviera las dimensiones de una de beisbol...

* Mercurio sería del tamaño de una pelota de *ping-pong*;
* Venus, de una pelota de tenis;
* Marte, de una de golf;
* Júpiter, de una de ejercicio;
* Saturno, de una pelota de playa;
* Urano, de una de basquetbol;
* Neptuno, de una de futbol.

El Sol sería más grande que cualquiera de las pelotas: tendría 10 veces el diámetro de Júpiter, aproximadamente.

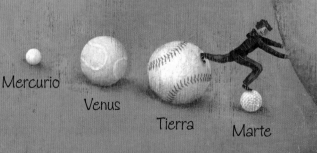

Mercurio

Venus

Tierra

Marte

Júpiter

Si los planetas del Sistema Solar se acomodaran en un campo de futbol americano de 100 metros, y el Sol fuera del tamaño de una toronja y estuviera sobre una de las líneas de anotación...

★ Mercurio estaría en la línea de 4 metros; Venus, en la de 7; la Tierra, en la de 10, y Marte, en la de 15. Cada uno sería del tamaño de un grano de sal.
★ Júpiter sería un chícharo grande ubicado más allá de la línea de medio campo; Saturno, un chícharo más pequeño en la línea opuesta de anotación.
★ Urano y Neptuno serían, cada uno, del tamaño de un ajonjolí y estarían fuera de nuestra vista.

Saturno

Urano

Neptuno

HISTORIA DE LA TIERRA

Si los 4500 millones de años de la historia de la Tierra se condensaran en un año...

Enero
Febrero
Marzo
Abril
Mayo
Junio
Julio
Agosto
Septiembre
Octubre

Si la historia completa de la Tierra fuera un DVD de dos horas, los seres humanos sólo aparecerían en el último segundo del video.

Noviembre

Diciembre

* la Tierra se formaría el primer día de enero.

* a mediados de febrero, aparecería la Luna. En la tercera semana de febrero, surgirían los océanos y la atmósfera, así como la masa terrestre que, al separarse posteriormente, formaría los continentes.

* hacia la tercera semana de marzo, aparecerían las primeras formas de vida en el océano.

* en abril, empezarían a crecer organismos más complejos en el océano.

* a mediados de junio, el oxígeno de las algas y de otras formas de vida microscópicas del océano se liberaría hacia la atmósfera, preparando el entorno para los seres vivos que respiran oxígeno. Hacia finales de junio, tendría lugar la primera era de hielo.

* a principios de noviembre, ocurriría otra gran era de hielo y aparecerían seres vivos más complejos, como peces pequeños. Desde finales de noviembre y hasta mediados de diciembre, evolucionarían nuevas formas de vida y surgirían los primeros animales terrestres.

* alrededor del 18 de diciembre, nacerían las primeras aves. Cerca del 22 de diciembre, los mamíferos evolucionarían. El último día de diciembre, aparecerían los humanos.

VIDA EN LA TIERRA

Si los 3500 millones de años de vida sobre la Tierra se redujeran a una hora...

★ en el primer segundo, surgirían las primeras formas de vida, como los organismos unicelulares y las bacterias.

★ los peces nacerían a los 51 minutos y 10 segundos; los anfibios, a los 54 minutos y 10 segundos.

★ los dinosaurios llegarían a los 56 minutos y desaparecerían 3 minutos después.

★ los mamíferos aparecerían a los 56 minutos y 25 segundos.

★ las primeras aves nacerían a los 58 minutos.

★ nuestros ancestros humanos finalmente harían su aparición a los 59 minutos y 56 segundos.

★ los humanos modernos aparecerían a los 59 minutos y 59.8 segundos.

Si el tiempo de referencia fuera un día (24 horas) y no una hora, entonces las primeras formas de vida aparecerían justo después de la medianoche; los peces, a las 8:28 p.m.; los mamíferos, a las 10:36 p.m., y nuestros primeros ancestros llegarían 24 minutos antes de que dieran las 12 de la noche. Los humanos harían su aparición 5 segundos antes que terminara el día.

Sucesos de los últimos 3000 años

Domingo	Lunes	Martes	Miércoles
	1 Se extiende el uso del hierro.	**2**	**3** Se celebran los primeros Juegos Olímpicos. (776 a. de C.)
7 Alejandro Magno erige su vasto imperio. (336–323 a. de C.)	**8** Se construye la Gran Muralla China. (221 a. de C.)	**9**	**10** Nace Jesucristo. (5 a. de C.)* *El cálculo que realizó el monje Dionisio Exiguo es erróneo por cinco años (N. del E.).
14	**15** Empieza la Edad Media.	**16** Nace Mahoma. (Año 570)	**17**
21 Guillermo el Conquistador invade Inglaterra y se convierte en Rey. (1066)	**22**	**23** Genghis Khan se convierte en el líder de los mongoles. (1206)	**24** La peste negra devasta Europa. (1347-1350)
28 Inicia y termina la Revolución Francesa. (1789-1799)	**29** Alexander Graham Bell inventa el teléfono. (1876)	**30** Se construye la primera computadora. (1939) Se crea internet. (1969)	**31** Se descubre evidencia de agua en Marte. (2013)

Si la historia de los últimos 3000 años se condensara en un mes...

Jueves	Viernes	Sábado
4	**5** Nace Buda. (560 a. de C.) Nace Confucio. (551 a. de C.)	**6**
11 La Ciudad de Pompeya es destruída por la erupción del Vesubio. (79 d. de C.)	**12** Se inventa el papel en China. (105 d. de C.)	**13**
18 Florecen la Medicina y las Ciencias en la España musulmana. (750)	**19**	**20** Llegan los primeros europeos a Norteamérica: los vikingos (finales del s. IX).
25 Cristóbal Colón descubre América. (1492)	**26** Embarcan hacia América a los primeros esclavos africanos. (1510)	**27** El pájaro dodo se extingue. (1690)

INVENTOS EN EL TIEMPO

Si todos los inventos y descubrimientos del ser humano se colocaran en una cinta métrica de 100 cm (1 m) de largo...

En un extremo se encontraría el fuego, el primer descubrimiento humano. Hace 790 000 años, las personas usaron por primera vez el fuego para calentarse y cocinar sus alimentos.

Casi a la mitad de la cinta se ubicarían los primeros refugios construidos por el ser humano.

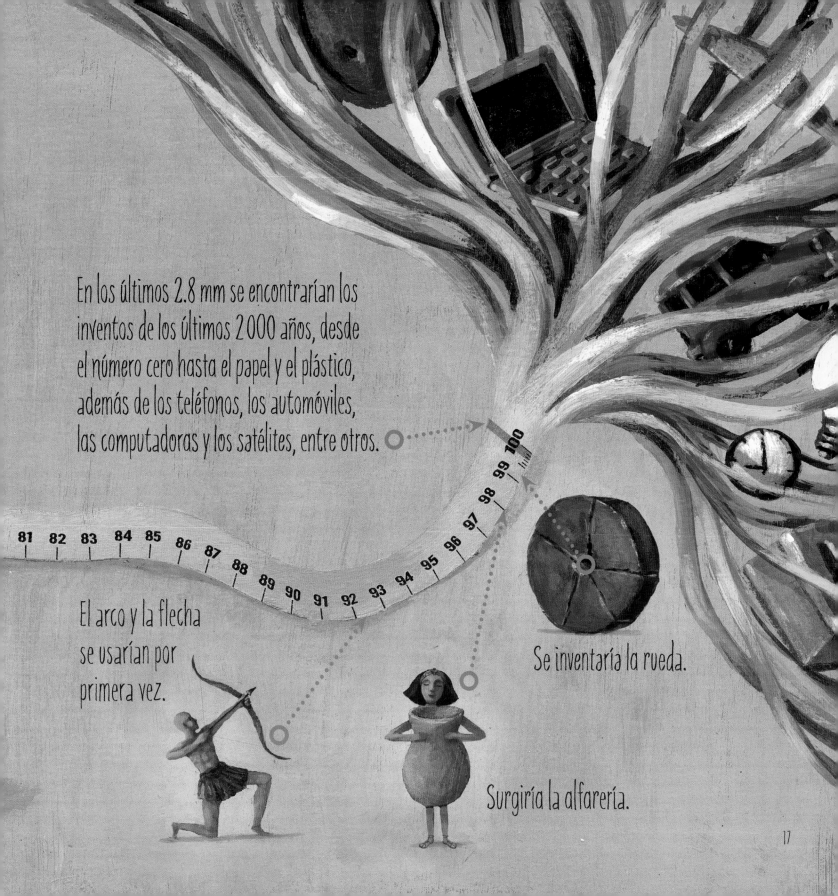

En los últimos 2.8 mm se encontrarían los inventos de los últimos 2000 años, desde el número cero hasta el papel y el plástico, además de los teléfonos, los automóviles, las computadoras y los satélites, entre otros.

81 82 83 84 85 86 87 88 89 90 91 92 93 94 95 96 97 98 99 100

El arco y la flecha se usarían por primera vez.

Surgiría la alfarería.

Se inventaría la rueda.

INVENTOS DE LOS ÚLTIMOS 1000 AÑOS

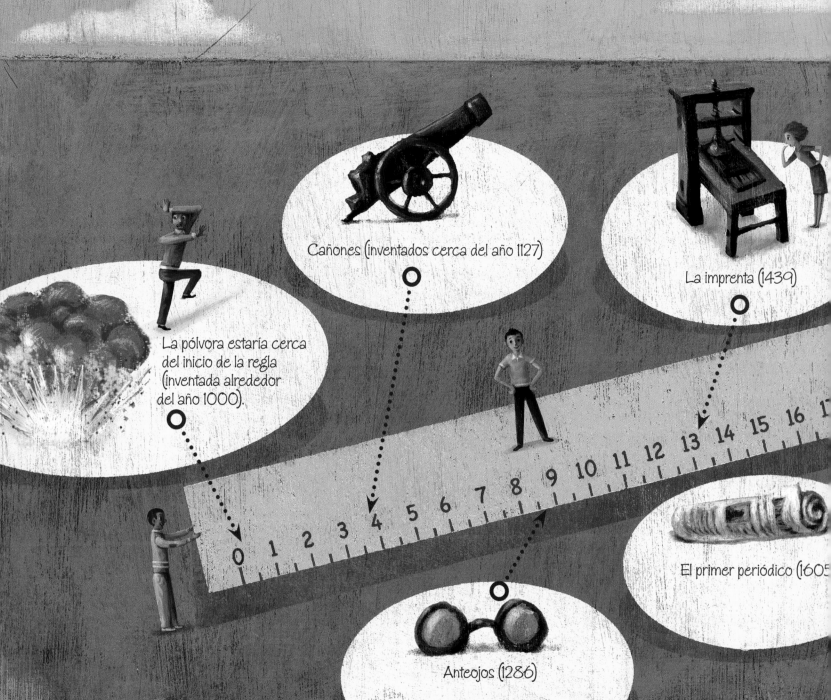

Cañones (inventados cerca del año 1127)

La imprenta (1439)

La pólvora estaría cerca del inicio de la regla (inventada alrededor del año 1000).

0 1 2 3 4 5 6 7 8 9 10 11 12 13 14 15 16 17

El primer periódico (160

Anteojos (1286)

Si los inventos de los últimos 1000 años se distribuyeran a lo largo de una regla de 30 cm...

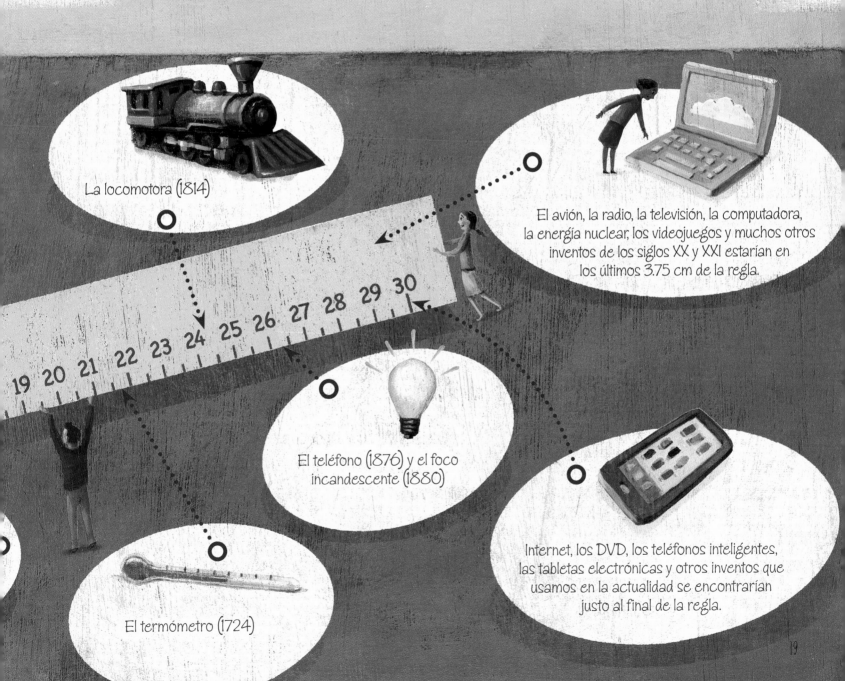

La locomotora (1814)

El avión, la radio, la televisión, la computadora, la energía nuclear, los videojuegos y muchos otros inventos de los siglos XX y XXI estarían en los últimos 3.75 cm de la regla.

19 20 21 22 23 24 25 26 27 28 29 30

El teléfono (1876) y el foco incandescente (1880)

El termómetro (1724)

Internet, los DVD, los teléfonos inteligentes, las tabletas electrónicas y otros inventos que usamos en la actualidad se encontrarían justo al final de la regla.

LOS CONTINENTES

Si la superficie de la Tierra se redujera hasta ajustarse a dos páginas de este libro...

★ los mares y océanos ocuparían tres cuartas partes en azul.

★ el cuarto restante sería de diferentes colores, uno por cada continente:

    - Asia ocuparía el 7.5% de la superficie de la Tierra,

    - África, el 5%;

    - Norteamérica, 4.1%;

    - Sudamérica, 3%;

    - Antártida, 2.3%;

    - Europa, 1.7%;

    - Oceanía, 1.4%.

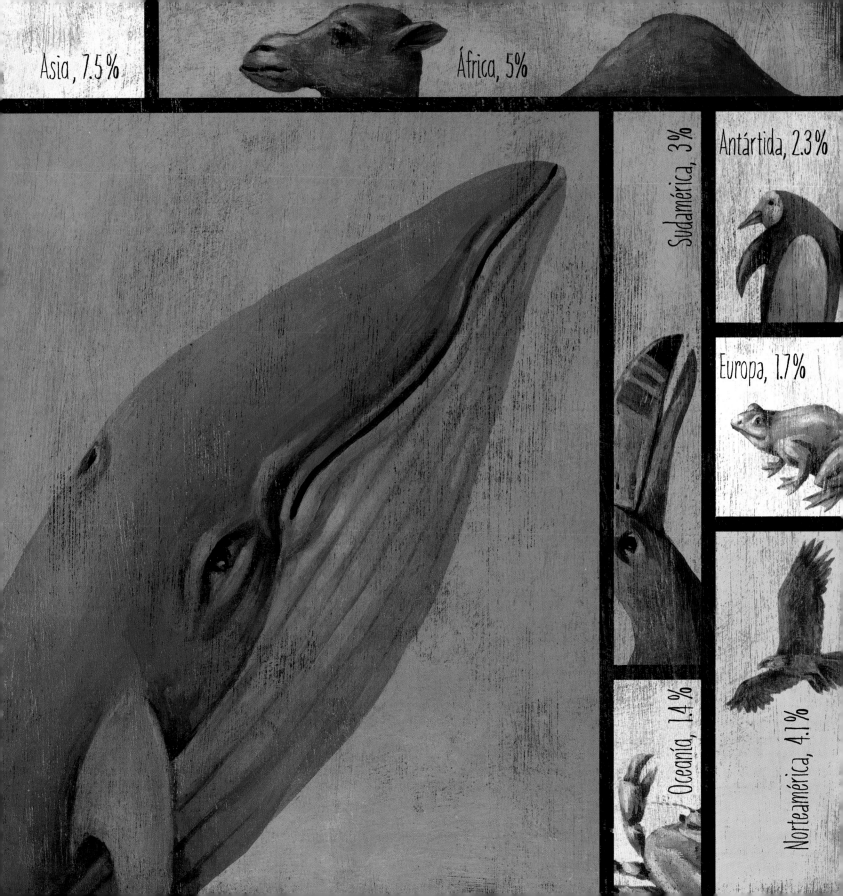

Asia, 7.5%

África, 5%

Sudamérica, 3%

Antártida, 2.3%

Europa, 1.7%

Oceanía, 1.4%

Norteamérica, 4.1%

AGUA

Si toda el agua
de la Tierra se
representara
con 100 vasos...

★ 97 vasos se llenarían con
   agua salada de los océanos
   y de algunos lagos.

★ 3 vasos contendrían agua dulce.
   Uno de ellos representaría toda el agua
   potable disponible para los humanos. El resto
   del agua potable se localiza en los glaciares, congelada
   en la atmósfera o en las profundidades inaccesibles de la Tierra.

¿Quién usa el agua y para qué? Alrededor del 10% del agua de la Tierra la usamos en nuestros hogares, ya sea para beber, cocinar, lavar u otros fines. En América, diariamente se utilizan alrededor de 2 $\frac{1}{2}$ tinas de agua por persona para fines domésticos. En Europa, son casi 2 tinas. En África, la cantidad disminuye hasta $\frac{1}{10}$ de tina, incluso cuando la Organización de las Naciones Unidas (ONU) señala que es necesario disponer de $\frac{1}{4}$ de tina por persona para satisfacer sus necesidades.

El consumo doméstico de agua es reducido si se compara con el consumo industrial y en la agricultura. En la industria se gasta el doble de agua que en el hogar: casi el 20% de toda el agua en el mundo. La agricultura utiliza el 70% del agua de la Tierra; los lugares con mayor actividad agrícola son los que emplean más agua. En particular, Asia es responsable del uso de $\frac{3}{4}$ de toda el agua que se utiliza en el mundo.

SERES VIVOS

Si todas las especies conocidas de seres vivos sobre la Tierra fueran representadas por un árbol de 1000 hojas, y cada una equivaliera a 1750 de ellas...

★ 753 hojas corresponderían a los animales, incluyendo cada animal multicelular, desde escarabajos hasta gatos, humanos y ballenas.

TIC TAC

¿Qué tan rápido desaparecen las especies? Hace mucho, una hoja de este árbol desaparecía cada 1000 años. Sin embargo, en la actualidad, las especies se extinguen más rápidamente por la destrucción y pérdida de los hábitats. Por ello, algunos científicos predicen que nuestro árbol de 1000 hojas podría perder, más o menos, 200 hojas en los próximos 20 años. Pero nuevas especies se descubren todo el tiempo, así que seguramente habrá nuevas hojas.

★ alrededor de 46 hojas serían los protozoarios
—organismos unicelulares— y las algas.

★ 41 hojas corresponderían a las especies
del reino Fungi, como hongos y levaduras.

★ 154 hojas serían las plantas.

★ 6 hojas serían
las bacterias.

RIQUEZA

Si toda la riqueza en el mundo —casi 223 billones (223 000 000 000 000) de dólares norteamericanos— se representara con una torre de 100 monedas...

* El 1% más rico de la población mundial tendría 40 monedas.
* 9% tendría 45 monedas.
* 40% tendría 14 monedas.
* El 50% más pobre —la mitad de la población del mundo— compartiría una moneda.

Norteamérica, 32 monedas.

Europa, 34 monedas.

Asia, 22 monedas.

África, 3 monedas.

Si las 100 monedas se dividieran entre los continentes, esto es lo que cada uno tendría:

Sudamérica, 6 monedas.

Oceanía, 3 monedas.

ENERGÍA

Si todos los recursos energéticos del mundo se representaran con 100 focos...

* 2 focos se encenderían con energía hidroeléctrica,
* 6, con energía nuclear;
* 11, con energía renovable (eólica, geotérmica y biomasa);
* 21, con gas;
* 27, con carbón;
* 33, con petróleo.

Es decir, los combustibles fósiles (gas, carbón y petróleo) encenderían 81 de los 100 focos.

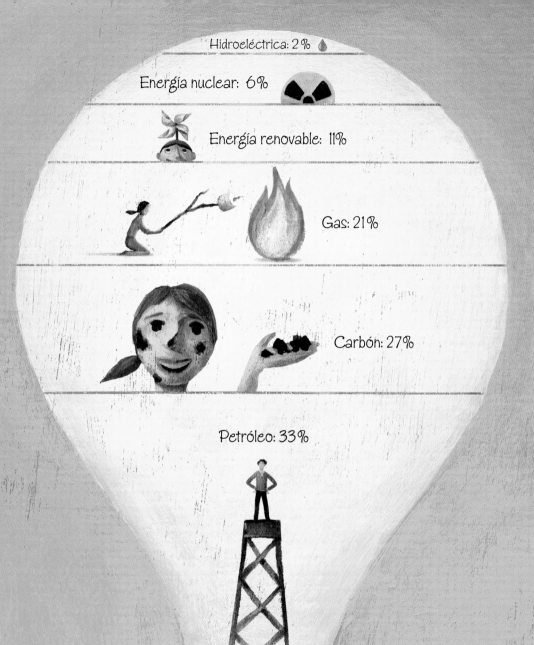

Hidroeléctrica: 2%

Energía nuclear: 6%

Energía renovable: 11%

Gas: 21%

Carbón: 27%

Petróleo: 33%

Si el consumo mundial de energía fuera una gran barra de chocolate de 12 cuadros...

* las personas de Asia y Oceanía consumirían 4 cuadros;

* los europeos, 3;

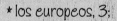

* los norteamericanos, 3;

* los africanos, 1,

* y los habitantes del centro y sur de América, 1.

Esperanza de vida

Si la esperanza de vida (los años que la gente vive) se representara con huellas en la arena...

* la gente dejaría 70 pasos en promedio, porque la expectativa de vida es de 70 años. Pero sólo es un promedio. No todos dejarían 70 pasos.

* los sudamericanos, 74;

* los asiáticos, 70 pasos;

* Los africanos dejarían 58 pasos;

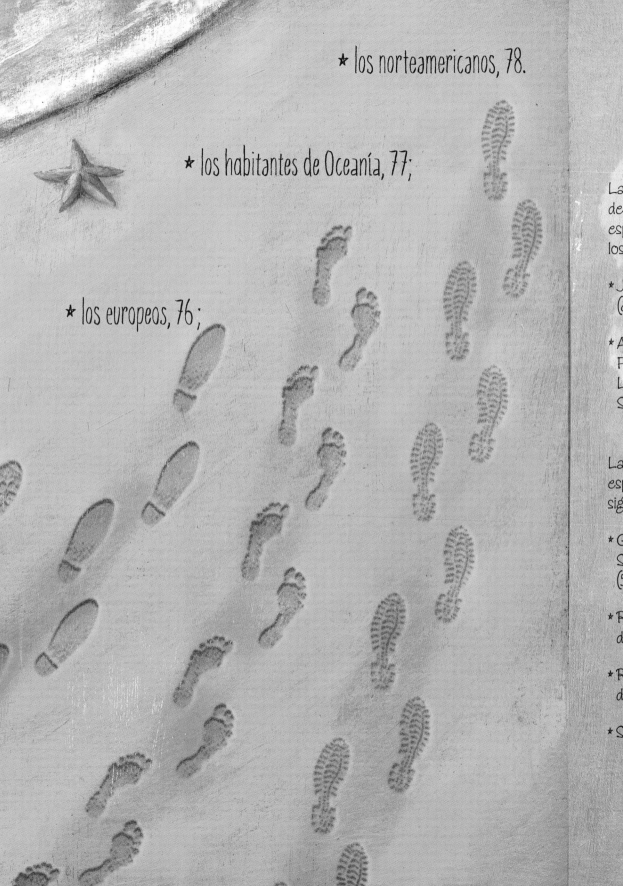

★ los norteamericanos, 78.

★ los habitantes de Oceanía, 77;

★ los europeos, 76;

Las personas con el rastro de huellas más largo (mayor esperanza de vida) son de los siguientes países:

★ Japón, Suiza y San Marino (83 pasos cada uno).

★ Andorra, Australia, Canadá, Francia, Islandia, Israel, Italia, Luxemburgo, Mónaco, Qatar, Singapur, España y Suecia (82).

Las personas con la menor esperanza de vida son de los siguientes países:

★ Guinea-Bissau, Lesoto, Somalia y Suazilandia (50 pasos cada uno).

★ República Democrática del Congo (49).

★ República Central de África (48).

★ Sierra Leona (47).

POBLACIÓN

Si la población mundial actual (7000 millones) fuera representada por un pueblo de 100 personas...

★ en 1900, el pueblo habría tenido sólo 32 personas, porque la población mundial de entonces era mucho menor;

★ en 1800, habría 17 personas;

★ en 1000 a. de C., sólo una persona habría vivido en el pueblo.

★ en 1650, 10 personas;

★ en 1500, 8 personas;

★ en 1 d. de C., 3 personas;

Cada hora nacen
15 000 bebés y mueren
6 432 personas al
rededor del mundo.
Esto significa que en
los 10 segundos o
menos que te tomó leer
esta oración, nacieron
42 bebés y 17 personas
fallecieron.

Si el crecimiento
demográfico mundial
mantiene la tendencia
actual, en 2050
habrá 129 personas
en el pueblo, en lugar
de 100.

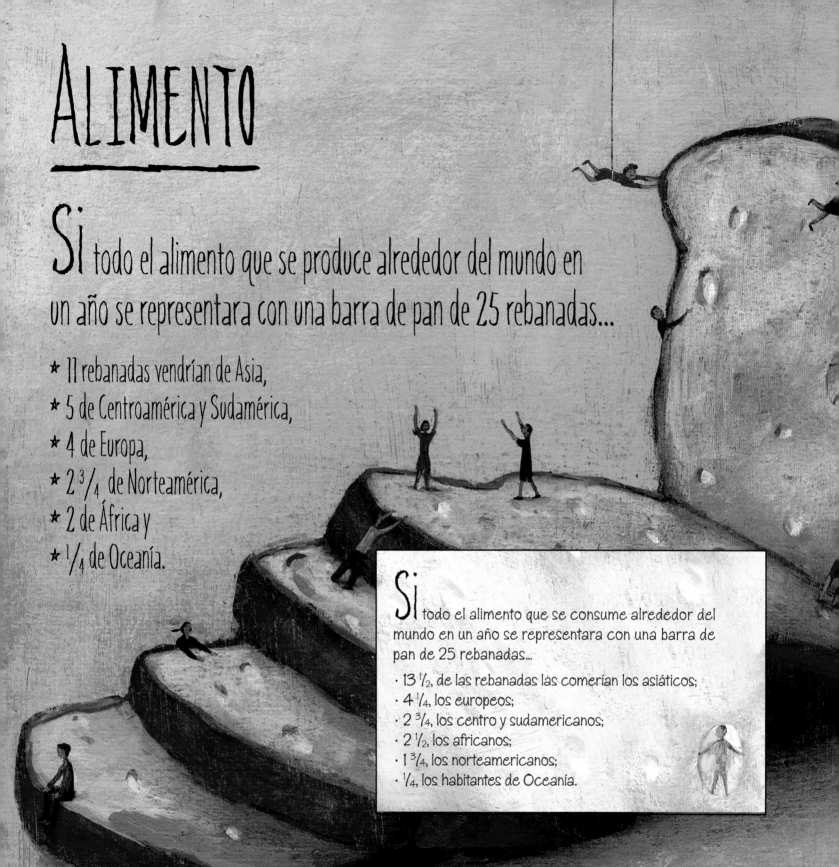

ALIMENTO

Si todo el alimento que se produce alrededor del mundo en un año se representara con una barra de pan de 25 rebanadas...

* 11 rebanadas vendrían de Asia,
* 5 de Centroamérica y Sudamérica,
* 4 de Europa,
* 2 ³/₄ de Norteamérica,
* 2 de África y
* ¹/₄ de Oceanía.

Si todo el alimento que se consume alrededor del mundo en un año se representara con una barra de pan de 25 rebanadas...

· 13 ¹/₂, de las rebanadas las comerían los asiáticos;
· 4 ¹/₄, los europeos;
· 2 ³/₄, los centro y sudamericanos;
· 2 ¹/₂, los africanos;
· 1 ³/₄, los norteamericanos;
· ¹/₄, los habitantes de Oceanía.

TU VIDA

Si toda tu vida fuera representada por una pizza gigante de 12 rebanadas...

Cuatro rebanadas equivaldrían al tiempo que dedicas a la escuela y el trabajo.

Una rebanada sería el tiempo que pasas de compras, en labores del hogar y cuidando a otros.

Una rebanada sería el tiempo que pasas trasladándote —a la escuela, al trabajo, a tiendas— y de vacaciones.

Cuatro rebanadas serían el tiempo que inviertes preparándote para dormir y durmiendo.

Una rebanada sería el tiempo que empleas para preparar la comida y para comer.

La última rebanada las dedicarías a las actividades de ocio y recreación, como el ejercicio, el juego, las actividades sociales y a navegar en internet.

Una nota para padres y maestros

Nuestro mundo y nuestro Universo están llenos de cosas que son demasiado grandes para comprenderlas. Pero al reducir sus dimensiones es más sencillo visualizarlas.

La escala es una herramienta muy útil para los arquitectos, los ingenieros, los médicos investigadores y los constructores de modelos. Pero también es una parte importante para adquirir habilidades matemáticas básicas, es decir, para entender qué significan los números y cómo se usan. Los niños necesitan familiarizarse y ser ágiles con los números para que, al crecer, puedan convertirse en ciudadanos informados.

Mi interés en las escalas empezó cuando era niño y construía modelos de barcos. Como maestro, realicé muchas actividades con modelos y escalas para hacer que los niños pensaran en las dimensiones y en su relación con el tamaño real de los objetos. Estos ejercicios me enseñaron el gran alcance de las escalas y los modelos. A partir de estas ideas desarrollé mis libros *Si la Tierra fuese una aldea*, *If America Were a Village* (Si América fuese una aldea) y *This Child, Every Child* (Este niño, todos los niños), donde las dimensiones de grandes ideas y sucesos se reducen en algo más comprensible y significativo.

A continuación, sugiero algunas actividades que se pueden realizar con los niños para ayudarlos a entender el concepto de escala.

Empieza una colección de escalas

Los niños están rodeados de objetos cuyas dimensiones han sido reducidas: muñecas, coches de juguete y dinosaurios. Tome algunos juguetes y ayude a los niños a entender su escala. Por ejemplo, un tiranosaurio rex verdadero medía alrededor de 12 m de alto. Midan un T. Rex de juguete y calculen su escala. Supongamos que éste mide 10 cm de alto. Entonces, el real de 12 metros mediría 1 200 cm, de tal manera que la escala del modelo sería 10:1 200, y se expresaría como 1:120.

Mapas

Los mapas son otro ejemplo del uso de las escalas en nuestras vidas. Éstos parten de algo grande (ciudades, estados, países, el mundo) y reducen sus dimensiones. Por lo general, en el mapa se indica la escala y la proporción que ésta representa comparada con el original. Un mapa de pared de algún país puede decir 1:5 000 000, es decir, un centímetro sobre el mapa, en la realidad, es igual a 5 000 000 centímetros. Intenten trazar un mapa de su escuela, su casa o su vecindario, y vean qué escala funciona mejor para crear un mapa que tenga las dimensiones adecuadas para usarse.

La Tierra es una manzana

Esta inspiradora actividad a través de la cual se reduce el tamaño de la Tierra fue desarrollada en 1994 por una organización llamada Population Connection, y desde entonces se ha realizado en todo el mundo.

Esta actividad consiste en comparar la Tierra con una manzana. Consiga una manzana y corte la fruta en cuartos. Tres de ellos representan el agua del planeta (océanos, hielo, lagos y ríos) y el cuarto restante es la tierra. Corte ese cuarto a la mitad. Uno de esos trozos representa la tierra que está deshabitada y es inhóspita para las personas y los cultivos (corresponde a las regiones polares, los desiertos, los pantanos, las montañas altas, etcétera). La fracción restante, un octavo de la Tierra, es el área donde la gente puede vivir de manera confortable.

Rebane ese pequeño octavo en cuatro partes. Tres partes representan la tierra que no puede ser cultivada porque es muy rocosa, húmeda, fría, empinada o el suelo es demasiado delgado para la agricultura; o quizás alguna vez se cultivó pero ahora son ciudades, caminos u otras construcciones humanas. Deje esos trozos a un lado. La última rebanada (un treintaidosavo de la superficie terrestre)

es el suelo disponible para cultivar alimentos. Lo que se produzca en esa pequeña porción debe alimentar a todos los habitantes del mundo.

Pueden encontrar mayor información en la dirección de internet señalada en el apartado "Referencias" (página 40).

Líneas de tiempo

Una línea de tiempo es una gran herramienta en el salón de clases, especialmente para realizar estudios sociales. Unan pliegos de papel y hagan una hoja muy larga, y péguenla en la pared del salón. En uno de sus extremos marquen la fecha de inicio del periodo que les interesa estudiar (por ejemplo, 1492, 1810, 1910, etc.) y en el otro extremo escriban "Hoy". Después, calculen cuántos centímetros representarían los años intermedios. Conforme avanza su estudio, agreguen a su línea fechas o sucesos históricos relevantes.

Una línea de tiempo puede usarse para estudiar diferentes temas: la historia mundial, la historia de México, desarrollos de la tecnología, cronología de los inventos, etcétera.

Las líneas de tiempo no tienen que ser horizontales. Pida a los niños que imaginen una línea de tiempo vertical visualizando un timbre postal y una moneda balanceándose en la cima de la Torre Eiffel. Si la altura completa de la torre, más la moneda, más el timbre postal representara la historia de la Tierra, la moneda y el timbre mostrarían el tiempo que los humanos han estado en el planeta, y el timbre postal solo sería la historia registrada, cerca de 3 000 años. Comente con los niños qué otras formas hay para representar el tiempo y su paso.

Escalas iguales

Usando gises de colores, tracen en el piso o en pliegos de papel las siluetas de diferentes animales. Primero, dibujen el contorno de una ballena azul (el animal más grande de la Tierra). Tomen en cuenta que el tamaño real de una ballena azul es de 30 m aproximadamente, y necesitarán reducir sus proporciones a un tamaño más manejable. Junto a la ballena, y aplicando la misma escala, tracen otros animales.

También pueden comparar la extensión de diferentes países. El país más grande es Rusia y el más pequeño es la Ciudad del Vaticano; las dimensiones de los demás países están entre las de éstos dos.

Ampliando una escala

Otra actividad que pueden realizar es aumentar la escala de cosas pequeñas. En algunos lugares del mundo, se elaboran objetos con una escala mayor a la real a manera de símbolo o para celebrar alguna fecha importante. Por ejemplo, en un poblado de Arkansas, en Estados Unidos de Norteamérica, se encuentra la lata de espinacas más grande del mundo, mientras que en Moose Jaw, Canadá, hay una figura enorme de un alce, y en Tampa, Florida, hay un pino de boliche gigante. Ayude a los niños a decidir qué objeto podría ser un buen símbolo para su escuela o familia y elijan la escala que les gustaría utilizar. Juntos calculen las dimensiones del símbolo o el objeto que escogieron.

También podrían aumentar la escala de una foto, un dibujo o un mapa. Dividan en secciones la imagen que quieren ampliar, trazando sobre ella una cuadrícula. En una hoja de papel, dibujen una cuadrícula más grande. Después copien cada una de las secciones del dibujo original en la sección equivalente de la cuadrícula grande.

Lo importante es que se diviertan mientras exploran las posibilidades de las escalas.

Si tienen alguna actividad que deseen compartir, contáctenme a través de mi página de internet: www.mapping.com/if.

David J. Smith

Referencias

Libros para niños

Barbara Kerley. *A Cool Drink of Water* (Un trago de agua fresca). National Geographic Society, Washington, 2006.

David J. Smith. *If America Were a Village* (Si América fuese una aldea). Kids Can Press, Toronto, 2009.

David J. Smith. *Si la Tierra fuese una aldea.* Ediciones SM, Madrid, 2015.

Rochelle Strauss. *One Well: The Story of Water on Earth* (Un pozo: la historia del agua en la Tierra). Kids Can Press, Toronto, 2007.

Rochelle Strauss. *Tree of Life: The Incredible Biodiversity of Life on Earth* (El árbol de la vida: la increíble biodiversidad en la Tierra). Kids Can Press, Toronto, 2004.

Libros y artículos

J. Paul Goode y otros. *Goode's World Atlas* (El atlas mundial de Goode). Rand McNally, Skokie, 2003, 2009.

Sarah Janssen. *The World Almanac and Book of Facts* (El almanaque mundial y el libro de los hechos). Infobase Publishing, New York, 2010, 2011, 2012.

Dava Sobel. *Los planetas.* Anagrama, Barcelona, 2006.

Philip Morrison y otros. *Powers of Ten: About the Relative Size of Things in the Universe* (Potencias de diez: el tamaño relativo de las cosas en el Universo). Basado en el documental *Powers of Ten* (Potencias de diez) de Charles y Ray Eames. Eames Office, Santa Mónica, 1994.

Edward Weiler. *Hubble: A Journey Through Space and Time.* (Hubble: un viaje a través del espacio y tiempo). Abrams, New York, 2010.

State of the World, 2010: Transforming Cultures from Consumerism to Sustainability; State of the World, 2011: Innovations that Nourish the Planet; State of the World, 2012: Moving Toward Sustainable Prosperity (El estado del mundo, 2010: transformando culturas del consumismo a la sustentabilidad; El estado del mundo, 2011: innovaciones que alimentan al planeta; El estado del mundo, 2012: en dirección hacia una prosperidad sostenible). Worldwatch Institute, Washington, 2010, 2011, 2012.

World Development Indicators (Indicadores del desarrollo mundial). Banco Mundial, Washington, 2010, 2011, 2012.

Páginas de internet

Para escribir este libro fueron consultados más de cien sitios de internet, incluyendo Wikipedia. Algunos de los más importantes son:

Publicaciones de la CIA (en inglés): www.cia.gov/library/publications/the-world-factbook.

Ecokids (en inglés): www.ecokids.ca/pub/eco_info/topics/biodiversity/species.cfm.

Organización de las Naciones Unidas para la Alimentación y la Agricultura (FAO) para la información sobre los alimentos y su consumo: www.fao.org/home/es/; datos acerca de la inseguridad alimentaria en el mundo: www.fao.org/hunger/es/; dirección de estadísticas: faostat3.fao.org/faostat-gateway/go/to/home/S.

NASA para los datos acerca del espacio (en inglés): www.nasa.gov.

Acerca de Population Education, programa de Population Connection, para la actividad "La Tierra es una manzana" (en inglés): www.populationeducation.org.

Population Reference Bureau para el cuadro de datos de la población mundial: www.prb.org/SpanishContent.aspx.

United States Census Bureau para el cuadro de datos de la población de Estados Unidos de América (en inglés): www.census.gov/population/international/data/idb/informationGateway.php.

U.S. Geological Survey (USGS) para la información sobre el uso del agua (en inglés): water.usgs.gov/edu/earthhowmuch.html.

Banco Mundial para la información acerca del dinero y bienestar económico: www.bancomundial.org; datos de libre acceso del Banco Mundial: datos.bancomundial.org/frontpage.

World Resources Simulation Center para la información sobre el agua, el clima y los alimentos (en inglés): www.wrsc.org.